JN439742

박이훈 시집

붉은 계절

박이훈 시인은 경남 밀양에서 태어나 방송통신대학교 국문과를 졸업하였다. 현재 부산시인협회, '시와 인식' 회원이며 사회복지사로 일하고 있다. 시집으로 『수신두절』이 있다.

박이훈 시집

붉은 계절

지은이 박이훈
펴낸이 최명자

펴낸곳 책펴냄열린시
주　소 부산광역시 중구 중앙동 3가 14-1번지
전　화 051-464-8716
출판등록번호 제 02-01-256호
출판등록일 1991년 2월 4일

인쇄일 1판 1쇄 2012년 9월 27일
발행일 1판 1쇄 2012년 10월 3일

값 8,000 원

ISBN 978-89-87458-74-8 03810

저 언덕 너머로 걸어오는 발걸음이 있다
차선을 건너며 투덜거리는 여름 끝의 이방인
그에게 내주기 아까운 햇살 한줄기
되돌릴 수 없는 부재의 몸뚱이를 누가 알까
길들여진 흔들림 속 그늘 깊이 걸었다
……

〈본문 중에서〉

□ 자서

여름 폭풍우를 기억하는
가을 하늘은 높고 푸릅니다.
수수께끼같은 삶에서
겸손한 인내를 배우며
시가 있어 존재한 나의 슬픔에게
고마움을 전합니다.

2012. 9

제 1 부

제 2 부

제 3 부

제 4 부

제 1 부

티눈

기억하지 못할 거야 너는
발가락 중지에 단단히 박힌 티눈 하나
통증이 가파른 비상 돌파구를 찾으면
어둠도 갇혀 버리곤 했던 거
불안한 밤은 언제나 고개 숙이며 걸어가곤 했지
쉬이 지나가지 않던
그때마다 눈을 꾹 감던 침묵
기억하지 못할 거야 너는
새벽은 이슬에 젖어 머리 들고
발끝에 시선 두던 새들의 울음소리
성성한 바람이 스쳐 지나갔지
우리 서로 뒷모습 외면하고
서로 날카롭게 못 박아야 하는
비탈진 언덕을
절룩거리며 걸어가야 했던 거

유토피아

딱 10분만 쉬고 싶었다
다락으로 오르던 나무계단
왈칵 달려드는 작고 빛바랜 창
우울, 비애가 널브러져 있는
갈참나무, 쥐똥나무 각기 다른 이름의 이름들
새소리, 산비둘기, 뻐꾸기 울음
일탈의 허기를 관통하는 소낙비
장구 치듯 하는 개구리 구애노래
낮게 움츠린 저녁놀
키보다는 높게 누운 바람소리
한 잎 솔방울 매달아 흔드는 다락은
옥탑방보다 더 높고 깊다
은신처는 어두울수록 확실해

냄비 속에는 지금

노란 양은 냄비 뚜껑을 열었다
갈증은 뜨거운 이파리로 일렁거렸다
뚜껑 속은 소용돌이 우주다
긴 늪으로 잠수하는 곡예
산과 강을 건너듯 나무는 깊어 갔다
길은 비틀거리며 모퉁이를 돌아갔다
길 끝에 내린 햇살 한 자락 삼키며
잉태의 저편으로 스쳐가는 바람
낙엽 하나, 서릿발 둘
만추의 어깨를 디디며 섰다
늦가을이 새 나갈까봐 얼른
양은 냄비 뚜껑을 닫았다

둘레길 한나절

한 계절이 몰래 달아나 버리고
햇살은 하늘 바닥에 주저앉았다
가진 것 없어 버릴 게 없는 바다
출렁거리며 아파해야 하는지
해일이 쓸고 간 안벽 빙 돌아
물 끝 막막한 바람
찬밥이라도 먹고 떠날 먼 길 앞에서
목으로 흘려보내는 물 한 모금
빈 터 무성한 낙화, 충혈된 눈동자
둘레길에 홀로 서서
울컥 허기진 피 토하는 한나절

내속의 나

유월 장마 며칠 내내 이불 뒤집어쓰고
몸과 어설픈 전쟁을 치른다
한 곳 함께 바라볼 수 없는 우리는
각기 다른 길을 걷고 싶다
오늘을 외면하려는 나
한 번씩 바닥에 퍼질러 앉는다
척추를 곧추 세운 채 어제도 오늘도
신발을 벗고 달아나려는 나
몸은 명분 속을 붙잡고 늘어진다
아는 듯 모르는 듯 걸어가야 한다고
두리둥실 돌아보며 내가 간다

11월

폐부 깊이 파고든 상처가 피 흘릴 때
억새가 내민 입술은 칼날이었다
일그러진 추억들이 하얗게 곪아 풀풀 흩어지는
날카로운 언덕

계절의 끝자락
외면하기에 그대는 너무 섧다
침묵하며 드러눕는 산 그림자 하나
걸어 온 수면 위를 돌아보며
한 잎 두 잎 낙엽 밟으며 가는

비 내리는 언덕

저 언덕 너머로 걸어오는 발걸음이 있다
차선을 건너며 투덜거리는 여름 끝의 이방인
그에게 내주기 아까운 햇살 한줄기
되돌릴 수 없는 부재의 몸뚱이를 누가 알까
길들여진 흔들림 속 그늘 깊이 걸었다
멀 줄 알았던 길이 공중으로 솟아
퍼질러 앉은 무르팍으로 다가오는 무더기 걸음
양철지붕이 먼저 아파한다

만월

실핏줄 가지에 무수히 바람을 매달고
포구나무, 오리나무 노목이
비탈에 오래도록 서 있는
발아래 몽돌 이야기 한참인

거제도 그 바닷가

노을을 등지고 선
고독한 사랑을
첨벙이는 파도가 집적였다

허공 1

맨 처음 어둔
그 안락한 자궁 속을 빠져나와
꽉 쥐었던 두 주먹
하늘보다 까마득한 나래짓의 요람
벽을 향해 누우면
잔잔한 강물 같은
그 때 너는 어디에도 없다

허공 2

혼자 걷는다
밤이며 달이어서 오직 홀로인 시간이며
외롭다 말라 달래며 걷는다
바람을 흔드는 갈대의 눈짓
한 폭 젖은 수채화의 여백들
시간의 손을 잡고 걷는다

바다며 파도여서 오직 홀로인 눈물이며
암울한 나르시즘

그리움의 실체를 해부하듯
텅 빈 이곳
어깨 부딪는 소리도
뿌리 드러난 원망도
허리 꺾인 후회도 없는
까마득한 물 끝 절벽

우리가 스쳤던 산길
바위 같은 너

폭포

백년을 떨어져 내려도 말이 없다
흐를수록 단단해지는 심장
변명 없이
흐르고 또 흐르는 침묵

떨어지는 소일消日뿐이다

이 지상엔 아무 것도
쌓아 올리고 싶지 않다
그늘 깊은 골짜기에서는
서늘한 눈빛으로 떨어져 가는 일

바위섬에서

가로등 불빛 침묵하는 그곳
밤마다 시린 등 구부리며 무엇을 다툴까
다가갈 수 없는 꿈 깜박거리는 등대
기억한다 네가 너에게로 가는 길
파도치고 물결 돌아눕던 암초
건져내어도 침몰하기만 했던 시간들
돌아오지 않고 떠나기만 한다

낙엽에 기대어

어제는 꿈속에서 이별을 했다
아직 채 벗지 못한
붉은 마음 하나
바람 되어 손을 흔들었다

먼저 가야하는 길이 저만치 놓여 있어

동그랗게 쌓이는 가로등 불빛 너머
아직 이르다 돌아보며
못 다 한 이야기
바람 옷깃에 묻히며 떠났다

모래밥

바다위에 집을 지었다
모래위에 담을 쌓았다
주춧돌을 찾느라 발가락이 다 빠졌다
대들보를 만들다 두 눈 실명을 했다

아직 꼬물거리는 새싹들이 조막손 내밀던
벼랑 아래 그곳에
파도가 지칠 줄 모르고 닿았다

퍼부어라 집채 폭풍우여
집 밖 한 치 앞을 몰라라
애써 지은 모래밥을 삼키랴
옆걸음질 치며 게들은
파도 앞에서 사막을 더듬어야 하나

계수나무 그늘 밑 벤치

나는 계수나무 그늘 밑 벤치에 앉아 있었다 은하수 강둑
반딧불 꽃 피우는 파릇한 팔월 열사흘 달이 가진 벤치
혼자 앉은 여정이 파랗게 시들어 갔다
막 고개 내미는 어둠에 비친 여인이 말했다

'어릴 적 달빛을 돌려주세요'

'손 안 가득 담기는 그
 손가락 사이로 흩어지는 달빛을 가지세요'

그림자 오두마니 물 없는 강에 비추며 계수나무가 말했다

'저를 그냥 두세요'

여린 짐승

비 오는 날 친구와 같이 막주삼*에 앉아
돼지껍데기 앞에 놓고 소주잔 기울일 때
비도 안주가 됨을 알았다
잘강잘강 씹으며 내다보는 울타리 밖 세상
수직으로 꺾이는 빗소리는
술맛처럼 달콤하다 못해 끝내 쓸쓸하고
돼지울음 들리는 듯 두 젓가락과 나란히 서던
빗줄기도 마침내는 꿀꿀거렸다
몸 안에서 한 마리 여린 짐승이 걸어 나와
창밖을 내다보고 섰을 때
신기루 되고 있던 시간 속 빗줄기들이
투닥투닥 발 없는 말로 걷다 서성이다
지나온 갈증들을 삼키고 있었다

*막창 주꾸미 삼겹살 집

등대

귀신고래 창자 속 깊이 일렁이는 해일
가슴에 칼바람 한줄기 머문다
어둠도 들르지 않는 높은 외딴 방
물살은 소용돌이로 가랑이를 지나가고
벼랑 끝 하나 지키고 선 나무
외눈박이 사랑

붉은 계절

죽음은 태양과 함께 한다

임신하기에 여자는 아름다운거야
나 없으면 죽을 것 같다던 너는
왜 죽지 않고 아직 살아있나
회신 않는 메일, 수신 없는 메시지
사랑 때문에 죽는 건 영화에서만 가능하지
사랑에 내일은 없다

떠나는 뒷모습 보이지 마
뒤의 하늘은 언제나 흐려서
한 번쯤 멋진 사랑 꿈꾸는 바보
도시는 바보들 세상이지
뒷모습은 눈앞에서 늘 서성거리지
함께한 시간은 달콤하다고
꿈꾸는 구름은 초원을 달린다고
벽 밖으로 지금 담쟁이넝쿨처럼
붉은 시간들이 지나가지

거울을 보면

고독이 섬뜩한
더러는 보이지 않는 의문

동그랗게 눈 뜨고
침묵하는 숨소리

결코 만져지지 않는
먼 유혹

이명처럼 솟구치는
살벌한 인내

제 2 부

그 여자 1

벌거벗은 여자
마주친 눈동자 속에 내가 갇혔다

한 손에 목욕 타올 한 개씩 야무지게 들고
몸을 빨래하듯 빡빡 밀어댔다
우울이 목욕물로 넘실거리는 날 선 경계
진단하는 나, 치유될 수 없다

그녀, 피부를 문지르는 것이 아닌
다섯 살 보송함을 갖고 싶은 걸까
몸 안의 상처를 지우고 싶은 걸까

묵은 때가 봄 낙화처럼 쌓였다
피부 속 제살을 문지르는 거울 뒤편
마음 하나 다 씻어내지 못한
어지러운 침묵이 놓였다

날마다 목욕탕에서 만나는
벌거숭이 예수

그 여자 2

그 여자와 나는 친구였다

언제나 수심 가득하던 여자
꽝꽝 나뭇잎처럼 단정하던 여자
땅을 보며 걷던 여자
작은 집안에 올망졸망 아이들을 달고
XX년 욕 밥 먹듯 들으며 살던 여자
병든 시어머니 수발들던 여자
가난했던 여자
능력 없던 여자
사는 게 무섭다던 여자

길고도 짧은 외도에서 돌아 와
난 잘못한 거 없어 큰소리치던
언제든 갈려면 가라는 욕지거리
무척이나 싫어하던 여자
무식하게 삶을 잡고 살던 여자
자식 때문이라며 구걸하던 여자
태산목 꽃을 좋아하던 여자

장맛비를 무척이나 기다리던 여자
옆집에 살던 착한 여자

그 여자가 궁금하다

돌아서기

아빠, 친구들이 나처럼 다치면 안돼. 약속해줘*

얘야, 네 잘못이 아니란다
호랑이보다 더 무서운 꿈을 꾼 거란다
잊어버려야 된단다
강물에 아주 말끔히 씻어 버리자구나
네 필통 속 지우개로 깨끗이 지워 버리자구나
푸른 하늘같이 말갛게 털어 버리자구나
이불 속 어둔 그림자를 뒤집어
저 작열하는 햇살에 보송보송 말리자구나
내장이란 내장, 뇌 속의 세포들
상처 난 모든 것들 마음 밖으로 던져 버리자구나
고통의 수술, 지옥의 기억, 꿈속의 꿈, 버리고 돌아서기
착한 아이야, 네가 다시 빛이 되어 걸어 가자구나

*2008년 성폭행범 조두순 사건의 피해자 초등 1학년 나영이가 응급실에서 아빠에게 했던 말.

천사가 되어야

꽃보다 별빛보다 더 호수 같은 조막손으로 싸운다
작은 꽃나무 같은 아이가

이건 내꺼야
내가 가진 거야
내가 먼저야

이~잉

선생님, 친구가 내꺼 빼앗아 갔어요

장난감 한 개에 천지가 무너져라
바락대는 소리를 본다
손잡고 화해시키는데 겨우 몇 분
씻은 듯 맑아지는 몸짓 어울린다

그래 얘들아
너희가 천사구나

크고 작은 일상에 얼룩지며
얼마나 더 아파야 나는
천사가 될 수 있을까

비우고 우려내고

너희처럼 맑아지면
쓸쓸함에서 나갈 수 있을까

치매

새들도 흔들리며 재잘대는
원시의 슬픔이다

별 잠든 밤
의식의 미로에
어둠을 가르며 지는 별똥별

허공 속에 차곡차곡 스러지는
체념의 묵시
먼 그리움 하나 차갑다

팔순 여인이 굽은 손으로
붉은 꽃을 따 먹는다

탓티 황옥의 슬픔

여린 한 떨기 꽃잎 같은 여인
지아비 나라라고 부푼 꿈꾸며 왔으리
어머니, 어머니 속 깊이 외치며 서러움 삼켰으리라
그리고 숨져갔으리…

'베트남의 딸' 이라 누구에게 말하리까?
내 딸 내 누이 아니라고 외면당한 절규

국제결혼, 화장막 같은 끝을
기억하지 말라 죽어서
물이라도 다시 오지 않으리

*47세의 정신질환 남편에게 죽임당한 베트남에서 시집온 스무 살의 여인.

동백꽃 지다

그녀는 미소가 없다 느닷없이 폭풍우 덮친 몸뚱어리 그곳에서 풍랑이 되고 있다 막막한 격랑을 견디던 아직 다 피울 수 없던 몸짓이 휩쓸려 나간 뒤 남은 어지러운 파편들은 네 체온이다 네 열정이다 네 오랜 고뇌다 네 깊은 절망이다 네 분신보다 더한 찬바람만 피 흐르지 않는 시신들을 밟고 섰다 잔인한 꽃잎들이 칼날이 되고 꽃이 나를 죽였다

바람의 주소

아무도 몰라요 숲의 가지가 감추고 있는 걸 당신만이 알아요 우리는 모른답니다 빗줄기는 발자국 숨기고 한 움큼의 체취도 남기지 않는 걸요 비 흔드는 속 얼굴 없는 그 속내를 숨기려는 것도 끝 간 데 알려하지 마세요 여린 살결 위에 함부로 눈빛 스치지는 더욱 마세요 비가 서 있는 그곳 숲이 일렁이는 탓, 무엇 때문인지 당신은 벌써 압니다 긴 시간의 끝자리 닿으면 그때 마음 한 자락 일렁일 때 있었노라 알려지고 말테지요

잃어버린 길

버스도 없던 산간벽지에 내게 행복한 유년이 있었지 들판은 온통 푸른 보리밭 물결로 살랑 대고 봄, 여름, 가을, 겨울이 감나무에 존재하는지도 몰랐던 조각들이었지 슬픔은 아련한 세월 전의 동화 속 눈 감으면 잊혀지는 할머니 젖무덤이었지 그러던 내게 어느덧 버스, 택시, 승용차, 지하철에 익숙한 도회지 어른이 불현듯 나타나 버렸지 내 유일한 산책로에는 쇳소리 우렁찬 KTX가 굉음을 남겨두고 시간을 삼켜버렸지 유년이 가던 풀숲 아름다운 중량은 차츰 어두워져 바삐 움직이는 흔적들만 지나갔지 내 성년은 빠른 듯 느린 듯 뒤돌아보며 앞에서 뒤에서 서성거렸지 얻은 만큼 잃어버리며 사는 참 슬픈 그것, 어른이 굉음을 남기고 갔지

막다른 골목

창틈으로 새 나는 불빛이 추운 겨울저녁 낯선 동네 길을 걸어본다 마른잎 몇 개 매달고 선 감나무 골목에 나와 있는 음식쓰레기 봉투, 눈독들이다 놀라 달아나는 도둑고양이 마음을 물들이는 구수한 된장국 냄새, 그리 낯설지 않게 살아가는 길들, 때로 목마름에 벌컥대며 마시던 유년의 우물물 같은 하루가 가고 한해가 다시 뒷모습을 보이는 곳 문득 '막다른 길입니다 돌아가세요' 막장에서 발길 그림자에 흔들리며 굽은 골목길 벗어나면 차량들의 붉은 행렬, 그리움 하나 더 눈을 감고 찬 이슬 가득 내린 낮은 뜰 지키는 국화, 삶의 한 모퉁이에서 오늘을 머물렀다

지금은 로딩 중

그대는 날지 않는 한 마리 나방이다 목마름에 젖으면 더욱 날 수 없는 날개로 나를 기다렸다 오랜 침묵 속에서 응시는 꿈꾸는 자학의 파도를 안아 다독였다 웅크린 파닥임 날마다 일어서는 머릿속 바람 한줄기 안착한다 눈 감으면 저 만치 스치는 서늘한 바람 지나가는 길을 그대는 아는가 좁은 길 돌아가면 소음은 들리지 않았다 작게 열린 창 너머 꼬리 문 붉은 질주의 노래는 차라리 망각의 강이다 충혈된 악다구니는 가끔 담장 너머 고개 내민 능소화가 던진 말 한마디에 충돌한다 비켜가는 길을 찾아 그림자는 숨고 골목길 타박타박 스치는 밤, 지금은 로딩 중

몰입 속으로

봄비 내리는 날 바람에 나부끼는 꽃잎의 난무를 보며 젖은 창 밖 아름다움도 쉬이 떨어진다는 것을 알겠다 나무가 견고한 마음 하나 간직하기에 나이테도 그리 오래지 않음을 알겠다 가지기 위한 혹은 잃지 않으려 절실했던 모든 사물들 시간 들여다보니 얼마나 가졌는지 얼마나 아름다웠는지 그리 중요하지 않음을 알겠다 뿌리 뻗어가면서 누군가에게 어디만큼의 의미인지 나무가 나무에게 내가 그대에게 얼마만큼의 그리움인지 한때 허망에 불과하다는 걸 깊이를 느껴보니 알겠다 더 가지려 애태웠던 모습들이 한낱 물거품으로 다가서고 일출보다 일몰의 의미를 알아가는 길 위에서 나무가 떠나는 뒷모습도 아름다울 수 있음을 알겠다 때로는 밤이 새벽을 간직하고 있듯 뒤안길에서 버림으로써 존재하게 되는 빈 마음이 큰 그늘이 됨을 알겠다 사월 꽃비 속에 가지 흔들리는 애달픔도 아름다움임을 알겠다

잠간 이러다 말겠지

—영월여행

신문 특집 주말&엔을 뒤적이다 커버스토리 영월을 만났다 유배지 청령포에 뜬 숱한 별들 속삭임 이슬 맺히고 있을 강원도 속살 여행지 영월, 유배 온 어린왕의 통곡을 지켜 본 관음송도 함께 보았다 동강의 물살 거슬러 래프팅을 즐기는 풍광 속으로 한 맺힌 눈빛이 스쳐 지나다 부산에서 몇 시간이면 갈 수 있다는 구절에 마음이 머물렀다 나란히 널린 그의 고독 영월 땅 호젓한 거리를 타박타박 걸어본다 '단종애사'와 '구인광고' 동행을 찾는 전광판의 자막을 떠올려보는 시야에 동해남부선 느린 기차도 지나가고 7번국도 넘나드는 파도소리 들리더니 급기야 중앙고속도로 접어들어서는 네비게이션도 못 읽는 소심증의 여자가 책상 앞에 앉아 바라보는 영월 험한 산세 인적 드문 산골엔 새소리 지천이고 산천어 떼 지어 노니는 서강, 낯선 곳의 어둠은 가난만큼 깊은지 생각만 생각일 뿐 돈 없고 시간 없어 잠간 이러다 말겠지 애꿎은 커피잔에 파문을 젓는 스푼너머 5월 긴 하루가 뚝 떨궈지고 있다

눈물 한 방울

담장 너머 자전거 한 대 멈춘 곳에서 날아들었다 하얀 봉투 속에 담겼던 합격통지서 가난이 서성대던 곳에서 몹쓸 휴지가 되어버린 꿈이 겨울을 지날 때마다 부르트던 입술에서 배어나오던 핏빛 맺힘이었다 봄은 종달새 지저귐으로 다시 오고 앞산 뒷산 참꽃들 말간 웃음에서 피어나 살구꽃 향기로 덮여 올 때도 다시 오지 않은 합격통지서, 산야에서 저 만치 물러나 앉던 저물녘 같은 서러운 그 길, 가난에게 무릎 꿇지 않으려 너를 바라보며 눈물 한 방울 흘리지 않던 지나간 그 길이 담장너머 자전거 한 대 멈춘 곳에서 불쑥 날아들었다

휴대폰 흔적

열한자리 숫자가 열한 개 눈을 떴다 친구가 세상을 떴다는 알림, 사는 일 별 것 아니다 하시던 어른들 말이 잠간 지나갔다 금방이라도 '잘 있제' 낯익은 목소리 들릴 것 같아 아직은 지워버릴 수 없는 징표 같은 저장된 번호를 뽑아내 종이비행기를 접었다 어디로 날려 버릴까 가을이 저만큼 내려와 앉은 포도위에 철 이른 낙엽 하나 뒹굴게 하고

소파에 누워 잠들다

오밤중 세포들의 가지 우지직 부서지는 소리도 없이 스러졌던 달빛이 몸 안을 헤집고 들었다 만장 같은 소파는 무덤이 되지 못하고 부러진 가지 고스란히 안고 평화로운 잠으로 긴 여행에 빠졌다 가고 싶은 곳, 위로 받을 수 없는 변명 서두르지 않아도 애 쓰던 너를 기억한다 목덜미 부은 가지 하나 둘 바라보는 일에 거울도 힘이 든다 한나절이 걸어가고 있는 울타리 없는 속 깊이 은폐된 네 눈길과 마주쳤다 네 눈빛이 머물지 않는 곳은 어디쯤일까 날마다 어깨 두드리는 아침에 버려두고 싶은 건 어제 밤 꼭 닫아두었던 창문이다

제 3 부

낙화 1

이름만으로 상처가 되는 너
시작은 다시 누군가와의 결별이다

변명 하나 떨어진다
변명 둘 걸어간다
변명 셋 흩어진다

봄이 왔다고는 하나
꽃잎 지지 않을 이유 없고

그 꽃잎 강물 될 리 없고
그 강물 다시 돌아올 리 없다

거부한다, 달빛파편
길이 묻힌 지금은 방문사절

낙화 2

사금파리 밟혀드는
스무 살 봄이 걸어갔다

넘실거리는 착란
눈웃음 비웃듯 난무하는
절절한 분열

천지사방 솟구치는 서러움에
천둥치듯 왁자한
미성년 너의 봄이여

꽃비에 젖은 어느 새
뒷모습은 보이지 않았다

낙화 3

청개구리
가난한 오후가 속절없다

창백한 벚나무 눈물
비탄의 목련 나래짓
혼곤한 산수유 숨결 속앓이

풀잎마다 떨어지는 사랑
꽃봉오리마다 솟구치는 눈물

꽃이 핀다고
꽃이 진다고
허공에 일으킨 발작들

못 미치는 사월의 그대
눈 먼 청개구리여

흐름, 매달림

눈이 되었다 비가 되었다 소리가 되었다
길이 되었다 다시
돌아서 걸어가고 있다
소리내어 흐르는 캄캄한 묵념은
가슴이 닫힌 허공을 열었다
깊다, 밀폐된 숲길
안구건조증 같은 조울증

소통의 은밀한 불협화음
언어장애, 의혹도 말문을 닫았다
절실할수록 더 깊어지는 절망
심각해진 저편 기억상실

후회는 언제나 늦게 하는 거
어둠은 더 어두워지고
지랄 같은 알츠하이머 슬픔 같은
눈이 되었다 비가 되었다 소리가 되었다
다시, 길이 되었다

낙우송落羽松

추워요, 하얀 서리가 천지사방에 앉았어요
잔설로 눅눅한 대지, 바람이 차요
지하에 새순은 아직 엄두도 못내어요
처마 아래 참새가 왔어요
나를 쳐다보다 가버리네요
내게는 깃털이 없어요
옷이 다 헤진 바람은 얘기나 하자네요
배가 고파와요
햇살은 한 끼 식사만 제공하지요
그러고 보니 나는 노숙하는 셈인가요
한 때는 싱그러운 눈길 내게 앗긴
박새들이 와서 파티를 즐기던가요
누가 햇살 한 줌 줄래요

백팔 배

언어言語의 문을 닫은
백 여덟 염주가 손가락 빌려
산사의 어스름에 머리 조아렸다

나무 마룻바닥에 닿은 손바닥
엄동설한이 뚝 멈춰 섰다

아찔한 허공
어둠의 틈을 비집고 곧추세운 허리
그 무릎 안고 앉은 또 다른 나

이마에 풀썩 내려서는 무게

가벼워진 몸뚱이 하나
돌벼랑 끄트머리에서
손가락 한 개로 버티고 있다

하얀 산다화

시린 손 불며
한 땀 두 땀 박음질한 옷섶 여미었다

속앓이 삼키며
서리 내린 마당에 하얀 자태로 섰다

밤 새워 고여 든
수천수만 파문이 어질러져도

숨결 가다듬으며
네가 세상 어미의 모습이다

철썩 뺨 한대 때려도
낯빛 변하지 않을 독으로 섰다

간이역

헤즐넛 원두커피를 내렸다
텅 빈 시간
집은 지상의 마지막 언덕이다

군에서 돌아온 아이
어린 시절이 있었던가
식탁에 마주할 눈이라곤
뻔한 드라마 아니면 활자들 뿐

가진 것, 보이는 것, 가질 것
차곡차곡 쌓여진 명세서
살아가는 마디들이 온통 계산서 속이다

지금은 가질 것보다 버리는 것을
받을 것보다 줄 것을
먼저 알자 위로하는 출입구가 열려있다

저물고 다시 오려는 한 해
원두커피를 내리는 세모의 밤이

눈 내리는 간이역이다

그대, 고래 바다에서

체념의 겨울은 길다
소금에 절여드는 김장배추이듯
두 갈래 길 위에서
망설임의 끝이 보이지 않는다

수평선 같은 막막함
온 몸을 투신해 도리질해도
깊고 먼 우물의 벽

선택은 언제나 잔인하다

그렇게 바다로 뛰어들었다
연과 연, 행과 행 사이에서
어둠은 빛살을 두레박질했다

심연 속으로 자맥질해 들면
너는 한 마리 고래
잽싸게 빠져 달아나는 아픔을
내 눈길은 어루만질 수 없다

법고法鼓

주머니에 꼬깃꼬깃 접어 둔
지독한 병
탑 아래 서서
눈물 훔치는 저 어둠

두다당 더어엉

대숲 흔드는
서러운 통증

"저기요, 길 좀 물을 게요
작은 육신 하나 너무 무거워 걸을 수가 없어요"

밤 같은 가을이 비에 젖는다
어물어물 스며드는 위통

팻말 지키고 선 오백년 보호수 아래
붉은 장삼자락 여미는
바람은 합장이다

바다 앞에 선 낙타

혼돈의 순례, 정지하는 시야
태양의 반대편 오아시스를 찾아
사막 되어 걷다

숙명 같은 등짐
제 살 제 몸으로 한 걸음 목을 축이는
낙타 순한 눈망울

카톡의 문 열어 젖히며
카토옥 카토옥 울던 열한자리 숫자
바다에 사라진다

아서라
무릎 꿇고 두 손 모운다
토악질하듯 발작하는 모래 비린내

절벅절벅 하느님 문병 가는 여자
오아시스는 제 눈에서 흐르는 액젓
짜다, 밥, 사탕, 사막

바다 앞에서 숨 쉬는 낙타, 그녀

동행

아침 일찍 문 앞에
오늘이 왔다

부지런히 달아나는
네 팔짱을 껴본다

조금만 더 천천히
함께 걷자고

달래보다 보채보다
체념하고 말았다

수영천변
—어머니

이른 아침 갯버들 살랑대는 바람에
여윈 목소리 실려 왔다

'더 낮은 곳 보며 살거라'

도회 낮은 천변에 새 한 마리 배회하고
눈빛 따라 파문을 일으키는 수면 위로
출렁이는 빛으로 오신 당신
더 깊숙이 다가오는 낮은 곳
수영천 겨울갈대 물기 없는 우듬지
연둣빛 새순 내려다보며
그대 발길 서있다 오래도록

눈물

누구도 내게 아무 말 안했지만
비 내리는 날이면
깊은 바닥에 눈물이 고인다

슬픈 일, 그리운 일 그리 없어도
습관 같이 체념은 목젖을 타고 오른다

어린 날 시골집 추녀 끝 빗방울 떨구면
어김없이 다가서던 눈물이었다

기러기떼 열 지어 날 때
여울지던 서산 노을 함께 가던

언제나 목 메이던 가난한 체념
그 눈물이 무언지 아직도 모른다

파도꽃

시린 발걸음으로 달려와
하얗게 퍼질러진 꽃

빗소리에 쓸리고
눈보라에 묻히던
멀어져 떠나던 발길

오르다 오르다 다시 낙하하는
뒷모습은 늘 붉은 언덕

너는, 차마 삼키지 못하는
허공 중 이별

상처

새로 산 칼로 과일을 깎다 응급실로 갔다
몇 바늘 꿰매고 통원하며 항생제 주사를 맞았다
엄살 같은 불편이 보채고 감긴 붕대를 보며 어느 날
그녀에게 던진 한마디 말 떠올랐다

'누구나 상처 하나씩 가슴에 품고 살거든
치료는 언제나 네 몫이야'

매몰차게 던진 시퍼런 칼날
가을 한 켠에 서서 너를 생각하는 날
상처는 아물어 가는데
칼은 내 손을 기억하고 있을지

함께 한다는 건

불 꺼진 창 골목 귀가 길
습관처럼 외등은
발소리 죽여 걷는 우리를 맞이한다

언제까지나 평행일 수 없는
기다려주지 못하는 부재의 현장
특급 열차는 떠나가고

다 자랐다고 얼굴 마주하기 힘들어
오밤중에 들어와 새벽에 나가버렸을 때
울컥, 밀려오는 통증하나

함께 한다는 것은 호숫가
풀잎 끝에 이슬이 되는 일
그렇게 눈 맞추며 잠간 반짝이는 일

오래 바라보는 풍경

구름아래 언덕배기
파란 물탱크
다닥다닥 엎드린 작은 지붕들

북장대 아래
꽃 진 자리 여문 열매 보내고
서 있는 나무 등걸들

기름자국 선명한 작업복
뜨거운 국밥 말없이 넘기는
가느다란 은빛 숟가락들

서글픈 미소 품고 서있는
호수 위 언덕배기
흔들리며 서있는 미루나무들

제 4 부

꽃밥

일요일 늦은 시간
이팝꽃 길을 달려 친정에 갔다

아침밥 굶은 줄 알고
늙으신 엄마 누운 자리 털고
싱크대 앞에 다시 섰다

하얀 고봉밥에
보글보글 끓는 된장국 냄새
게으른 내게 바짝 당겨 앉아
메마른 눈빛을 읽었다

"우짜든가 신경 쓰지 말고
 되는 대로 살아라"

울컥한 이팝꽃 향기
자르르 미끄럼 타고
입 안에 고인 눈물이 된다

지하철 새벽

한기를 어깨에 두르고
지하철을 기다렸다

오지 않는 쇠울음소리
뒷걸음질 치는 어둠
한 사람 어깨를 털어주고 있다

기울어진 어깨 역력하게 지친
남자의 뒷모습 그 곁
우울한 여자

낯선 계단을 밟으며 다가오는
오늘 두 얼굴

돌아볼 길 없다

왕벚나무 에돌아 그림자까지 석양 실은 강
어둠 산모퉁이 돌아 발걸음 재촉한다
가만가만 다가드는 잔설 창 너머 희뿌연 언덕을 끼고
길을 찾아 길이 되는 풍경
경부선 칸칸에 빼곡히 섰다 앉는다

어깨 무겁다 내려놓을 수 없다, 흘러 온 길
뻣뻣해지는 목줄기
언제나 뒤에 있어 돌아보지 않는다 서러운 것들

초동면 와지*

종남산 머리위로 아침 해가 뜨는 곳
마을 위 저수지가 있던 삼십여 가구의 소담한 동네
봄이면 복숭아꽃 살구꽃 향기
시골집 마당마다 수북하던 감꽃들
반기는 이 없던 유년의 기억을 지녔다

삼복더위 키만큼 큰
봉숭아 화단에 앉아 고전읽기 하던 초등학교는
무성한 잡초들만 빼곡히 다니고
빈터에는 교회당 종소리만 서성거렸다

평야 같던 들녘 눈 아래 펼쳤는데
고사리 손으로 나뭇잎화환 만들던 은행나무 간데 없고
암수 당산 나무만 그네줄 떠올렸다
유년의 논둑길을 당겨보았다

서러울 때마다 그리워 마음 가던 곳

어변당魚變堂* 보이는 아버지 누우신 곳
서산에 해 기울면 기러기 날으는 곳
내 유년이 모르는 내가 서있는 곳

* 초동면 와지-내 고향마을
* 어변당-박곤 장군 생가 터 밀성 박씨 재실

독도

수 천 년 묵은 인내
하늘과 땅, 바다가 이루는 합창이다
긴 항해 끝에 닿은 어머니
자궁 속 온기에 깃발을 걸고
아버지 뛰는 심장 속에다
홀로된 이름, 독도를 세웠다

눈감으면 몰려오는
바다 저 편 역한 비린내
스스로 몸을 지키기 위해
야생화 한 송이까지 미소 달리하는 곳
손에 손을 잡는 새떼들
홀로 섰다고 그 이름 잃으리

해질녘

저문 해가 절룩이며 걷는 산사
핼쓱한 바람 등 쓰다듬는
어족의 풍경소리

산 하나
물 둘
나무 셋
풀 넷

그리운 이름을 네가 외운다

낙조

환
하
게

웃던

꽃들이 무너진다

하
나
씩

울던

별들이 눈을 뜬다

갈대

처음 흔들리던 네 모습
바람 탓인 줄만 알았다

수많은 도리질과의 결별
서리빛 고개를 들고
하나, 둘 암호를 지우는 네 몸짓

바람 때문이 아니라는 거
지금 막 알았다

작은 꽃

순하고
맑은
눈빛

멈추어 서
주고 싶은

너

돌아서 가는
발자국에 새긴
이슬방울

고요

문을 연다

어둠 속에 잠긴 달빛 따라
바람이 스러지고

달빛 아래
다시 일어서는
너

꽉 다문 입술에
눈이 베인다

불면

시월도 저만치 보이는
구월의 밤이 밀려온다
오늘은 내일을 멀리하려 들고
내일은 또 어제의 어깨를 끌어당기는
열 마디 스무 마디 설움이
진 나뭇잎에 철벅거린다
빈 나뭇가지에 달빛이 떨어지고
시월도 내일이 밀려온다

백제에 내리는 소낙비

고란사 저녁 종소리 담고
백마강이 흐르는데

버려야 하는 발걸음들
후다닥 뛰쳐나갔다

백제 오백 결사대가
일제히 쏘아 올린 화살이
들녘에 쏟아져 내렸다

부소산 오르던
생생 나뭇잎이 졌다

고독의 다른 이름

지는 꽃이라 누가 말했나

너를 부수는 건 해일도 굴욕도 아니다
너는 폭풍우를 담보한 눈물 굴복하지 않는 협박
유통기간 없는 문서 조각
도시에 둥둥 떠다니는 비틀거림

막막한 섬 하나

운문사

'다리를 건너지 마세요
 수행중입니다'

대웅보전 오래 앉혀두고
참새들이 쉴 새 없이 재잘대는 산사

초겨울 알싸한 바람이 허공을 긋다
빈 가슴으로 돌아온다

풍경소리 듣고 선
노란 번뇌 풀풀 벗어 던진
화장기 없는 나목들

먹구름 하나
달을 안고 산을 넘어 간다

노란 들국화

늦은 가을날 외진 길섶을 걷다
부르는 듯 하여 돌아본다
누가 나를 불렀을까

가만히 시야를 좁히면 아뿔사
조그맣고 향기 짙은 눈빛
한 웅큼 내 마음도 노랗게 물들어
이슬에 젖어 가는 길

별 같은 모습을 누가
맨땅에 주저앉혔는가
살며시 뒤를 돌아다본다

낙동강 2009

경부선 기적소리 따라 가을 강이 떠났다
뒷모습 여미는 어둔 메아리 근처
삽질로 흔들리는 낙동강 강변
풍성했던 갈대밭이 옷을 벗었다
노란 추억들이 먼저 길을 떠나고
헤쳐진 은빛 모래들이 무더기로 파였다
아버지의 강은 이미 겨울이 되었다
지폐 같은 상징이 깃발로 휘청거렸다

강물 따라

나뭇가지 사이 달빛 한 자락
어둠을 걷어낸 자리
어디에 그리움이 있어
강물은 소리 죽여 흐르나
노을에 반짝이는 몸을 주나
가을걷이 지난 허허 들녘
강변 따라 억새꽃 한 무리
바람과 맞서고 있다

운주사

더 버릴 것 없는 가난
고스란히 떠안은 채
햇살 한 줌 내려와 가슴을 갈랐다

몸짓도 숨결도 없는 해탈 보듬고
찬 이슬 쓴 돌 조각으로 누운 자리
다 버리고도 저렇게 여유로운 천년 무위의 세월
더 높은 경계 없이 침묵하는 부부가 있다

함께 일어서는 날
천 가지 염원이 닿는 북두칠성
새로운 새벽이 온다는
어디 하늘에 정박할까

와불

그대 누운 옷자락 따라 눈빛으로 나서니

먼동 트듯 황혼 빛 미소 지천인데

어느 아득한 길 너머 피안이 있어

해맑은 구절초 한 송이 곁에 세우나

해설

상처와 치유의 미학

강 영 환 (시인)

1.

삶이 풍요로워지면서 시인이 되고 싶어하는 사람이 많아졌다. 시인이 많은 사회는 참 아름답다. 그렇지만 시인이 가는 길은 아름답지만은 않다. 의사가 의사로써 가져야 할 사명감 같은 것이 시인에게도 있기 때문이다. 시인이 가져야 할 삶의 태도는 언제나 주목 받게 되어있고 그가 쓴 작품은 세상을 향해 던져진 비수와도 같은 것이 될 수 있다. 시인이 갖는 사명감 중에는 삶에 대한 진정성 뿐 아니라 한 편의 작품에 대한 경건함, 그리고 최선을 다하는 모습이 담겨져야 한다. 시인이란 타이틀을 계급장처럼 달고 다니면서 출세를 지향한다거나 신분상승을 기대하는 시인은 시단에서 이단시 당해야 함은 시를 지키기 위한 당연한 모습일 것이다. 그만큼 자신의 작품과 자신의 태도에 대하여 책임을 절실하게 느껴야 하는 것이 시인이라는 명사가 지닌 고상함이다. 그 명사는 한마디로 시정신에 귀결된다. 어느 시인이라도 시정신 없이는 시를 쓰지 못한다.

치열하든가 아니면 느슨하든가의 차이는 있지만 시정신을 갖지 못한 이가 시를 썼다면 그것은 시가 아니거나 거짓부렁이 잡문일 수밖에 없다. 그래서 시인은 자신의 작품에 철저해지기 위해서 되도록이면 진정성 있는 접근이 필요하고 그런 대상을 가려내는 작업이 우선시 되어야겠다는 생각이다. 이왕에 시인이라는 제한적 수식어가 이름 앞에 붙여질 때는 책임이 뒤따른다는 것이다. 시인-정말 듣기 좋고 부르기 좋은 아름다운 명사다. 그러나 대중들이 쉽게 접근하기 어려운 아로마를 내뿜는다. 그렇기에 그것은 존경과 선망의 대상이 되기도 한다. 흔히 우리 주변에 '시인과 농부' '시인과 촌장' '시인의 마음' '시인의 눈' 등과 같은 찻집이나 고상한 음식점 들을 만날 수 있다. 시인은 그만큼 일상으로부터 일탈된 유토피아와 같은 것으로 사람들에게 인식되고 있다. 그러나 그런 대접을 받아야 할 시인은 따로 있다. 남들보다 먼저 아파하고 자신의 전부를 던져 한편의 시를 생산하는 그런 시인이다.

2.

모든 시는 존재를 지향한다. 그것이 대상의 존재냐 아니면 자아의 존재냐에 초점이 달라지겠지만 어떤 존재이든 결국 인간의 존재로 귀결 되는 것이 단순한 논리일 것이다. 시인은 비유와 은유

와 상징을 통해서 존재의 심연을 자유자재로 건너다니기 때문이다. 시인이 시에서 밝히려는 존재는 결국 시적 자아가 될 것이며 그것이 시가 추구하는 진리일 것이다.

박이훈 시인의 작품도 예외는 아니다. 그는 아픔을 통해 존재를 들추어낸다. 그가 들고 나서는 존재는 자신 만이 갖는 개성적이고 독자적인 대상에 있지 않고 모든 사물에 널리 접속하려 한다. 그에게는 진정성을 다하여 추구하는 힘이 느껴진다. 어느 특정 영역의 대상에 만족하지 않고 시적 안료가 된다싶으면 몰입하기 때문이다. 그런 부분은 첫시집 『수신두절』에서도 벗어나지 않았다. 그러나 다양한 대상에 시적 세계를 펼쳐 보이는 건 그리 좋은 것이 아니다. 시인이 내세우고자 하는 세계가 흩어질 우려가 다분히 있기 때문에 시인의 개성있는 표현이나 공감대 형성에 어려움이 뒤따를 수 있다는 것이다.

대상의 다양함에도 불구하고 '사랑에 내일은 없다' 고 토로하는 박이훈 시인의 작품에 들어섰을 때 맨 처음 떠오르는 말이 아픔이었다. 읽어갈수록 가슴이 아파오고 정감의 꼬투리를 물고 연이어 오는 걷잡을 수 없는 낱말들로 회오리쳤다. 그것들은 고독, 쓸쓸함, 눈물, 상처, 이별, 회한, 가난, 울음, 막막함, 벼랑 등 헤아릴 수 없는 퇴영의 말들로 이룩된 시는 짠한 애린을 자아내

기에 충분했기 때문이었다. 이 아픔의 낱말들이 시인의 작품을 관통하고 있기에 소재의 외연은 크게 문제시 될 것이 없다. 대상을 바라보는 시선이 낮고 숨겨진 고통을 추출해 내려는 진지한 시선을 갖추고 있기에 시인의 아픔은 독자에 쉽게 전이되고 있다.

새로 산 칼로 과일을 깎다 응급실로 갔다
몇 바늘 꿰매고 통원하며 항생제 주사를 맞았다
엄살 같은 불편이 보채고 감긴 붕대를 보며 어느 날
그녀에게 던진 한마디 말 떠올랐다

'누구나 상처 하나씩 가슴에 품고 살거든
치료는 언제나 네 몫이야'

매몰차게 던진 시퍼런 칼날
가을 한 켠에 서서 너를 생각하는 날
상처는 아물어 가는데
칼은 내 손을 기억하고 있을지

「상처」 전문

상처에 대한 깊이 있는 성찰의 시다. 시적 화자가 간직한 손의 상처는 시간이 흐르면 곧 치유된다. 그러나 마음에 그어진 내적 상처는 스스로 의해 치유하지 못하면 언제나 품고 살아야 한다. 그 사실을 느끼게 된 것은 손에 난 상처를 보고 다른 사람에게 던진 자신의 말로 되돌아온 것이다. 매몰차게 던져진 시퍼런 칼날처럼 자신을 겨냥하고 있다는 걸 깨닫는 순간 세상의 모든 상처들이 결국은 스스로 치유하지 않으면 안고가야할 자신의 숙제라는 사실을 인식한 것이다. 상처는 언제 어느 때이고 다시 살아나 상처가 났던 손이 칼을 기억하듯 상처를 생각하게 된다. 상처를 준 대상은 상처쯤은 기억하지 않는다. 때린 사람은 기억하지 못해도 맞은 사람은 기억한다는 생활 속의 평범한 일상을 펼쳐낸 것이다. 자신의 상처는 스스로에게 맡겨진 짐이며 스스로 지고 가야할 운명이다.

마음에 난 상처를 숙명처럼 받아들이는 인식은 타자의 아픔까지 어루만지게 된다. 그것은 시인에게 매우 자연스러운 것이며 그의 삶 속에서 발견하는 온갖 퇴영적인 대상들에서 애린의 마음을 치유한다. 상처는 드러나게 함으로써 치유가 가능하다. 드러내지 않고서는 진단도 없고 치료도 있을 수 없다. 박 시인이 꼬깃꼬깃 넣어둔 상처를 하나씩 끄집어내는 것은 그런 이유에서다. 카타르시스를 통하여 상처를 털고 새로운 유토피아를 향해 나아가기 위함이다.

벌거벗은 여자
마주친 눈동자 속에 내가 갇혔다

한 손에 한 개씩 목욕 타월을 야무지게 들고
몸을 빨래하듯 빡빡 밀어댔다
우울이 목욕물로 넘실거리는 날 선 경계
진단하는 나, 치유될 수 없다

그녀, 피부를 문지르는 것이 아닌
다섯 살의 보송함을 갖고 싶은 걸까
몸 안의 상처를 지우고 싶은 걸까

묵은 때가 봄 낙화처럼 쌓였다
피부 속 제 살을 문지르는 거울 뒤편
마음하나 다 씻어내지 못한
어지러운 침묵이 놓였다

날마다 목욕탕에서 만나는
벌거숭이 예수

「그 여자 1」 전문

목욕탕에서 만난 여인은 자신의 몸을 심하게 씻어댄다. 그 모습에서 그 여인이 간직한 삶의 아픔을 읽어낸다. 시적화자는 여인을 우울증에 걸린 것으로 진단을 내리지만 우울증에 걸린 건 정작 자신이라는 사실이다. 그 여인처럼 몸을 박박 밀어 때를 벗기지 못하지만 스스로에게 치유될 수 없는 우울증이 있음을 느낀다. 그와 같은 여인이 눈에 띄게 되는 건 시적화자가 처한 현실이 닮았기 때문이다. 자신의 밖에서 만나는 상처들은 결국 시인에게 숨겨진 상처에 다름 아니다.

박이훈 시인의 시는 휴매니티를 근본으로 한다. 리얼리티와 모더니즘적 경향을 동시에 보이기도 하면서 소외당하는 사람들, 억압 받고 있는 사람들, 갈증에 애타는 사람들, 가난을 이고 사는 사람들, 지금-여기에서 주인공이 되지 못하거나 주목 받지 못하는 사람들에 대한 깊은 관심과 애린의 눈으로 껴안기에 열중한다. 가장 연약한 이들에게 시인은 박수대신 아픔을 치유하고자 한다. 그렇기 때문인지 몰라도 그 속에 등장하는 대상들-사물이나 사람들은 언제나 떠나가고 있거나, 하강하거나, 뒤를 돌아본다. 그의 시에 나타나는 존재들은 하강, 혹은 퇴영적인 이미지들로 가득하다. 그들을 받아들이는 시인의 태도임을 짐작한다. 그 자신이 그들에 속해 있기 때문이다.

한 계절이 몰래 달아나 버리고
햇살은 하늘 바닥에 주저앉았다
가진 것 없어 버릴 게 없는 바다
출렁이며 아파해야 하는 지
해일이 쓸고 간 안벽 빙 돌아
물 끝 막막한 바람
찬밥이라도 먹고 떠날 먼 길 앞에서
목으로 흘려보내는 물 한 모금
빈터 무성한 낙화, 충혈된 눈동자
둘레길에 홀로 서서

울컥 허기진 피 토하는 한나절

「둘레길 한나절」 전문

위 시에서 박시인의 작품을 이해하기 위한 단초를 발견할 수 있다. 우선 하강 이미지를 찾아보자. '바닥에 주저앉았다' '무성한 낙화' '피 토하는 한나절' 등이다. 그리고 떠남의 이미지는 '몰래 달아나 버리고' '해일이 쓸고 간 안벽' '먹고 떠날 먼 길' 이며 퇴영적 이미지는 앞에서 든 추락 이미지와 떠남 이미지에 더하여 '가진 것 없어' '출렁이며 아파해야' '물끝 막막한 바람' '찬밥' '물 한 모금' '충혈된 눈동자' '홀로 서서' '울컥 허기진 피' 들이다. 이렇듯 이 짧은 시에서 거의 모두가 하강 혹은 퇴영적 이미지들로 채워져 있다.

이 시에서만 그런 것이 아니다. 무작위로 펼쳐 놓은 어느 페이지에서도 그것들은 쉽게 발견 된다. '외따로', '홀로', '벼랑끝', '새들의 울음소리' 등과 같이 낱말뿐만 아니라 시의 행간에서도 쉽게 만날 수 있다. '비탈진 언덕을/절룩거리며 걸어가야 했던 거'(「티눈」), '은신처는 어두울수록 확실 해'(「유토피아」) '길은 비틀거리며 모퉁이를 돌아갔다'(「냄비 속에는 지금」) '양철지붕이 먼저 아파한다'(「비 내리는 언덕」), 크고 작은 일상에 얼룩지며/얼마나 더 아파야 나는/천사가 될 수 있을까'(「천사가 되어야」)… 이들 외에도

작정하고 찾는다면 셀 수가 없을 정도가 될 것이다. 이렇듯 시인은 그 상처들에 대한 진단을 휴매니즘적 사고로 접근하고 있는 것이다. 이런 이미지에 젖어있는 이유는 무엇일까.

3.

박이훈 시인은 처음부터 낮은 시선을 지니고 있었다. 그것이 상처 때문인 것은 아닌지 의심이 간다. 내면에 감추어진 상처 때문에 낮은 시선으로 낮은 곳을 향한다. 그들을 대신해 혼자 아픔을 찾아다니고 숙명처럼 그 아픔을 감수한다. 그것은 내면적인 부담으로 작용하고 있다.

> 담장 너머 자전거 한 대 멈춘 곳에서 날아들었다 하얀 봉투 속에 담겼던 합격통지서 가난이 서성대던 곳에서 몹쓸 휴지가 되어버린 꿈은 겨울을 지날 때마다 부르트던 입술에서 배어나오던 핏빛 맺힘이었다 봄은 종달새 지저귐으로 다시 오고 앞산 뒷산 참꽃들 말간 웃음에서 피어나 살구꽃 향기로 덮여올 때도 다시 오지 않은 합격통지서, 산야에서 저 만치 물러나 앉던 저물녘 같은 서러운 그 길, 가난에게 무릎 꿇지 않으려 너를 바라보며 눈물 한 방울 흘리지 않던 지나간 그 길이 담장너머 자전거 한 대 멈춘 곳에서 불쑥 날아들었다

「눈물 한 방울」 전문

길 위에 서 있는 자전거 한 대가 담 너머로 던지고 간 합격통지서가 아무 소용이 없게 된 아픔은 겨울이 지나갈 때면 아픔이 되어 찾아 왔다. 가난 때문에 진학을 포기해야 했던 시적 화자는 그 합격통지서가 다시 오기를 기다려 보았지만 꽃 피고 새 우는 화려한 봄이 와도 끝내 오지 않았다. 지나가버린 꿈은 다시 오지 않았다. 자전거가 서 있던 길은 시적화자에게는 늘 저물녘 같은 우울이 깔려 있고 멀게만 느껴졌다. 진학의 꿈을 가난 때문에 포기해야 했기에 눈물을 흘릴 수도 있었지만 삶에서 그 가난에게 지지 않으려 애써 참아냈던 눈물 한 방울이었다. 자전거가 서 있는 그 길이 합격통지서처럼 불쑥 날아들었던 것이다. 자전거가 서 있는 그 길은 마음에 남겨진 상처였고 눈물 한 방울 그 이상의 슬픔이었다. 삶의 시작점에서부터 간직해 오던 아픔들이 박 시인에게는 평생 간직해 오던 부담이었다.

R. 버크는 시인이 시를 쓸 때 그를 깊이 괴롭히는 세계 곧 〈부담 burden〉에 대해서 쓸 수밖에 없다는 이론을 세웠다. 파젯의 〈제스츄어 언어론〉에 접목시켜 온 부담은 질병 같은 육체적 본질을 내포하며 재산을 모아 빚을 갚듯이 이 부담의 축적과 그 축적에 대한 통찰을 기초로 생에 대하여 승리하고자 한다는 것이다. 곧 시인은 자

기의 약점 속에 귀속적 이점을 갖게 됨으로써 승리한다는 것이 버크의 생각이다.

버크가 주장한 부담 이론에 의하면 시인이 집중하여 쓰는 것은 자신이 크게 부담을 느끼는 상처에 집중적으로 돌파구를 마련하고자 한다는 것이다. 박 시인이 느끼는 추락, 혹은 퇴영적인 이미지들은 어떤 부담을 안고 있기에 집중적으로 나타난다. 그녀가 가진 부담이 어디에서 출발하는가를 짐작해 본다면 시인의 작품을 쉽게 이해하는 열쇠가 될 것이다.

이른 아침 갯버들 살랑대는 바람에
여윈 목소리 실려 왔다

'더 낮은 곳 보며 살거라'

도회 낮은 천변에 새 한 마리 배회하고
눈빛 따라 파문을 일으키는 수면 위로
출렁이는 빛으로 오신 당신
더 깊숙이 다가오는 낮은 곳
수영천 겨울 갈대 물기 없는 우듬지
연두빛 새순 내려다보며
그대 발길 서 있다 오래도록

「수영천변-어머니」 전문

어머니가 일러 주신 '더 낮은 곳 보며 살거라'는 말씀에 따르는 시적 화자는 바로 시인의 태도

일 것이다. 높은 곳을 바라보면 빛이 있고 밝음이 있고 꿈이 있다. 그러나 낮은 곳에는 그늘이 있고, 젖은 곳이 있고, 보이지 않는 곳이 있다. 시인의 시선이 지향하는 곳은 바로 낮은 곳이며 그늘이다. 우리네 여인들이 안고 있는 운명적인 화두가 어머니의 말씀을 통해 전해지고 그것은 낙인처럼 마음속에 새겨져 있어 불현듯 아침 산책길에서 그 어머니가 가슴에서 뛰쳐나오신 것이다. 박시인의 작품 속에 아픔이 깔려 있는 이유도 낮은 곳을 향한 시선 때문이다. 그렇다고 어머니 한마디 말씀이 부담으로 작용할 이유는 없다. 시인에게는 운명적으로 아픔을 느끼게 하는 원죄가 있다. 바로 양면성이다. 현실의 나와 시적 삶을 사는 나와의 간극이 가져다주는 핍진한 우울을 벗어나지 못하는 암울함과 그에 쉽게 적응하지 못하는 섬약한 자신에 대한 연민을 불러온다. 누구나 한 번쯤은 현실과 이상의 괴리감 앞에서 절망하거나 난처한 경우가 있었을 것이다. 그것이 일상 계속 된다면 얼마나 암울할 것인가?

아찔한 허공
어둠의 틈을 비집고 곧추세운 허리
그 무릎 안고 앉은 또 다른 나

이마에 풀썩 내려서는 무게

가벼워진 몸뚱이 하나
돌벼랑 끄트머리에서
손가락 한 개로 버티고 있다

「백팔 배」 부분

저물고 다시 오려는 한 해
원두커피를 내리는 세모의 밤이
눈 내리는 간이역이다

「간이역」 부분

돌벼랑 끝에서 손가락 하나로 버팅기고 있는 나와 한 해가 가고 다시 새해가 오는 길목에서 원두커피를 내리는 밤이 행복해야 할 집이건만 그곳은 오랜 정착지가 되지 못하고 간이역일 수밖에 없는 인식이 가져다주는 암울함이 이 시집을 지배하는 정서일 것이다. 그래서 박이훈 시인은 스스로도 그렇게 말했다. "제 시에는 밝은 이미지들이 없어요"라고 나도 그 의견에 동감한다. 그리고 나는 시인에게 그렇게 말해 주었다. '이제 겨우 두 번째 시집을 내면서 세상을 너무 일찍 밝게 긍정적으로 보면 길게 시를 쓰지 못한다. 가슴 따뜻한 시인이 되려면 우선 어두운 면을 사랑할 줄 아는 법을 알아야 한다. 그늘을 볼 줄 알아야 햇살도 더 밝게 느낄 수 있을 것이다'라고.

시인은 시로써 말한다. 자신의 시를 가장 잘 아

는 사람은 시인 자신이다. 시인이 할 일이란 스스로 토로해내지 못하는 가슴에 맺힌 사연들을 시로써 승화 시켜내면서 자신의 삶을 정화 시키고 비슷한 처지에 있는 세상 사람들을 구원(치유)해 나가는 일이다. 그것이 시인의 사명감이고 진정성이다. 박 시인이 흘리지 못하고 간직해 온 한 방울의 눈물을 흘려 버리는 때 그의 부담들은 치유가 될 것이다. 이제는 그 눈물을 흘려버려야 할 때가 된 것은 아닐까?

죽음은 태양과 함께 한다

임신하기에 여자는 아름다운거야
나 없으면 죽을 것 같다던 너는
왜 죽지 않고 아직 살아있나
회신 않는 메일, 수신 없는 메시지
사랑 때문에 죽는 건 영화에서만 가능하지
사랑에 내일은 없다

떠나는 뒷모습 보이지 마
뒤의 하늘은 언제나 흐려서
한 번쯤 멋진 사랑을 꿈꾸는 바보
도시는 바보들 세상이지
뒷모습은 눈앞에서 늘 서성거리지
함께한 시간은 달콤하다고
꿈꾸는 구름은 초원을 달린다고
벽 밖으로 지금 담쟁이넝쿨처럼

붉은 시간들이 지나가지

「붉은 계절」 전문

이제 두 번째 시집을 엮어내는 시인에게 많은 걸 요구하기에는 무리가 있겠지만 대상을 사랑하는 마음이나 휴매니티를 바탕으로 한 시정신이 잘 다져진 박이훈 시인이 앞으로 더 고심해야 할 것은 대상에 대한 자신만의 개성있는 작업일 것이다. 노래해야 할 대상의 외연을 확대 시키지 않고 동질의 질서나, 현재 시점의 자아를 깊이있게 선택할 필요가 있다는 것이다. 더불어 이번 시집에서 시인은 밝음을 향해 나가기 위한 카타르시스를 준비했다고 본다. 낮은 곳에 머물러 있는 시인의 시선을 낮은 곳에 있더라도 상처 나고 어두운 곳만 바라보지 말고 좀 더 밝고 높은 곳으로 시선을 옮겨갈 이유가 있다. 아픔이 길면 세상을 느끼는 감성이 삐뚤어지기 쉽다. 넓고 큰 곳으로 나아가기 위한 준비는 이 시집에서 마련되었다고 본다면 대상에 대한 집중력을 높이고 따뜻한 감성을 회복하기를 기대해 본다. 그것이 박 시인에게는 시가 더 어렵게 느껴질 부분이 될 수 있을 것이다. 그러나 지금껏 보여준 감수성으로 충분히 극복할 것으로 보인다.